MARGUERITE BODIN
Directrice d'École maternelle

La Lecture Intelligente

NOUVELLE MÉTHODE DE LECTURE

Écriture
Dessin
Langage
Jeux
Devinettes
Mimiques
Historiettes
Chants

PREMIER LIVRET

BIBLIOTHÈQUE D'ÉDUCATION
15, rue de Cluny, Paris

La Lecture Intelligente

PROCÉDÉS A CHOISIR POUR L'ÉTUDE DES DIFFÉRENTES SÉRIES

Procédé 1. (Loto jeu). — Nommer une gravure en faisant suivre son nom de celui de la lettre inscrite à côté. Ex. p[ie] *i*, pot *o*. Faire fixer les lettres. Chaque enfant marque l'image nommée avec un petit papier de couleur découpé [en] confetti. Ne jamais cacher la lettre.

Procédé 2. Lectures des images et des lettres qu'elles symbolisent. — 1° Lire les images de la série, en suivant d'abord, [l']enfant à lire, de gauche à droite. Ex. pour la 1re série : *pie i, homme o*. — 2° Demander le nom de la lettre qu[i accompagne] la *pomme, du nid, du broc*, etc. Si l'enfant se trompe en nommant la gravure, faire remarquer certains déta[ils par des] observations, comparaisons, qui le mettent sur la voie. Fixer souvent la lettre pour retenir son dessin.

Procédé 3. De comparaison. — La page est divisée en grands et petits carrés. Le faire constater par l'enfant. Faire mont[rer] Ex. le *pot*. L'enfant, d'un doigt, l'indique, disant : *pot o* ; puis, de l'autre main, il doit, dans les petits carrés (contrô[le]) [mon]trer et nommer une lettre semblable ; c'est-à-dire pour ce cas un *o*.

Procédé 4. De contrôle. — Il a pour but de faire reconnaître les lettres séparées des images. Mais la lecture devant toujo[urs être un] exercice rationnel, l'enfant doit, une fois la lettre reconnue, nommer le mot la renfermant et montrer l'image. Ain[si pour la 1re] série, il lit la lettre du premier petit carré *i* et la montre ; de l'autre main, il cherche dans les grands carrés une ima[ge] [ren]fermant un *i*. Ex. *nid, lit, pie* (Ne jamais montrer deux fois de suite la même image. Les procédés 3 et 4 ne s'e[mploient qu']une fois un procédé d'études : 1, 2, 5, etc. Ils piquent la curiosité de l'enfant, l'amusent, le développent).

Procédé 5. Pour l'étude des sons et des articulations avec les tableaux de l'alphabet. — Le Maître se fait une collection [de bêtes] et des pantins de l'alphabet. Il en trouve les éléments dans les tableaux d'histoire naturelle, les bêtes mobiles en bois ou [en car]ton, les pantins des bazars. Depuis six ans, un pantin articulé de *o* de 20 représente avec succès Guignolest, symbole du son *o*. [Il est] facile de faire ce qui manque.

Cette collection sert encore pour la revision des sons, articulations, pour le langage, pour les causeries, pour les historiett[es. Il] serait bon de commencer l'étude de chaque série par ce procédé. Indications pour l'étude de l'une des séries (Ex. 3e série). [Les] lettres mobiles *e, t*, sont données aux enfants. Le Maître montre le tableau : *renard e*. Quelques mots de causerie sur la bête [si la] leçon n'a pas été précédée d'une explication de l'image avec détails intéressants sur les mœurs des renards. Quand on d[it *renard*] on entend *e*. Voici *e*. Dessiner la lettre en l'air avec le doigt ; contourner la lettre mobile. Bien regarder le renard *e*. [Chant fait] connu ou facile : *Renard, renard, tu n'auras pas mes poules*). — Cachons le renard. Voici *écrevisse é*. Quelques m[ots de] causerie. En disant *écrevisse* on entend *é*, le voici. Remarquer son chapeau (l'accent). Chant. (*Ah ! qu'il est beau* [ter] *le chape[au]* [du] *dans écrevisse* (bis). Cacher les deux tableaux. Les montrer alternativement l'un et l'autre, et plusieurs fois le même. Fa[ire dire :] *renard e, écrevisse é*, et faire lever la lettre mobile *e* ou *é* chaque fois qu'un tableau est montré. — Attention : devine, de[vi]ne, je mange des poules, je nage dans le ruisseau. Je suis rusé, j'ai des pinces, etc. Quand l'enfant a trouvé la devinette, mon[trer] la lettre, le Maître lève le tableau.

Procédé 6. De Syllabation. — (Ex. 4e série). Prononcer *ttt, lll*, et non *te, le*. — Lecture, par colonne, des images et [des] lettres. Ensuite nommer une gravure, la faire montrer et nommer. Ex. *tiroir*, lire les lettres inscrites à côté *ti*, la première seu[le, *t*,] *i*, la deuxième, ensemble *ti*, etc. Puis, lecture des seules « parties de mots » (syllabes *ta, te, té, ti, tu, to*). Montrer *ta, to, té*, [etc.] Procéder de même pour la deuxième colonne. On peut aussi employer le loto. Remarque. A côté de l'image, on n'a écrit qu'[une] partie du mot. Bien regarder pour voir laquelle. D'ailleurs, le procédé 7 du contrôle dissipe toute erreur.

Procédé 7. Contrôle de la Syllabation. — (Ex. 4e série). Lecture de la 1re colonne du contrôle : *ta*. D'un doigt, l'enf[ant] montre *ta*, de l'autre main, il cherche *ta* dans les petits carrés (contrôle) et lit *ta, table*. De même pour *tenaille, té, tête*, [etc.] Procéder de même pour la 2e colonne.

Procédé 8. De Syllabation. — Comme exercice de revision nous avons placé à chaque série une étude de syllabation. N[ous] voyons à la 4e série, par ex. : *a, ta, o, to, i, ti*. Lire ces exercices, puis lire les syllabes seules : *ta, to, ti*, etc.

Procédé 9. Avec le livret et les lettres mobiles. — Nommer une gravure. Ex. *âne a*, l'enfant montre l'image et dit *âne*, puis il doit, dans les quelques lettres mobiles connues de lui, qui lui ont été remises, reconnaître *a*. Une syllabe se trouve-t-ell[e à] côté de l'image ? L'élève la compose.

Procédé 10. Phonétique. — Dès les premières séries, faire décomposer oralement en leurs parties les noms des êtres rep[résentés par] les images des lotos. Ex. *rat*, 1 partie, *lièvre* 2. — Chercher des mots d'une partie (ceux qui font ouvrir une fois [la] bouche pour les dire), de 2, de 3. Veiller à la prononciation, à la bonne position de la bouche, des dents et de la langue lors [de l']émission d'un son.

Procédé 11. De Syllabation. — *Décomposition de la syllabe en ses éléments et recomposition*). L'élève a lu une syllabe ([3e] série) *oiseau, ra*. Nommer chacun des sons de *ra* : *rrr, a*. Lettre qui fait *rrr*, la retrouver sur le livret, ou parmi quelque[s] lettres mobiles distribuées. Chercher *a* mobile, le placer à côté de *r (rrr)* : *ra*. S'il y avait *o* à la place de *a* : *ro* (rose), etc. *u* ? etc. Excellent exercice qui fait comprendre la syllabation et prépare à une bonne lecture courante.

Procédé 12. Mimique d'Actions. Lecture courante. — Souvent les lectures courantes du livret se composent d'une suite [de] verbes. Ex. page 9, *lave, rêve*, etc. L'enfant lit une 1re fois la leçon : c'est le déchiffrage ; le maître peut jamais lire deux fois de suite le mê[me mot]. Faire lire le 2e, le 3e, le 5e mot. Indiquer le sens. Puis mimique. Gestes de laver, de rêver, de tâter, etc. — Bon exercice [de] lecture, de vocabulaire, et jeu qui réjouit l'enfant.

Procédé 13. De contrôle. — *Étude des articulations et des sons*, et lecture courante. Le livret est fermé. Le maître dit [un] mot ou une syllabe, ou une lettre qu'il écrit au tableau. Ex. *rôti*, page 9, *ar* page 16. Ouvrir le livret ; l'élève cherche, mon[tre et] nomme le mot d'où est tirée la syllabe demandée. Ex. *ar* : *armoire*. Pour aiguiser l'attention, on peut, en commençant, ne fa[ire] chercher que des gravures.

Procédé 14. Devinettes et observation des formes. — Le maître : Ex. : Je connais une bête. Quelques détails. L'él[ève] devine. Alors par ex. il montre l'image et dit *requin, re* (p. 8). Fixer *re*. Combien de lettres à côté de l'image ? Couleur de [la] première, de la deuxième. Lire vite les deux lettres *re*. Images de la série où il y a une lettre, deux : une rouge, une noire, u[ne] rouge et une noire. Son de chacune, des deux.

Procédé 15. De Lecture courante. — (Ex. p. 11). L'enfant lit mot par mot la première ligne. S'il se trompe en lisant u[n mot,] [une par]tie de mot, la faire décomposer en ses éléments. Les écrire au tableau, ou les chercher dans le livret. Relire le tex[te.] [Demander] ce que signifie ce mot, cette phrase. Ex. : *Eloi a attelé Luro à la voiture*, etc. Montrer l'image se rapportant au tex[te et] l'expliquer.

Procédé 16. Phonétique. — (*Recherche de mots renfermant une syllabe donnée*.) Trouver des mots contenant une sylla[be don]née. Lire ces mots s'ils n'ont pas sous les yeux, mais qui ont été étudiés à de précédentes leçons ; mots en *ar*, eu *ja* par ex. Bien[tôt] [l']enfant trouve des mots connus de lui qui n'ont pas encore été étudiés. On apprenait, la 2e série, à une école ma[ternelle quand on] passait un livre entre *Camille*. Une fillette remarqua que dans Camille il y a un *i*. Si l'enfant cite un mot en *g*, au lieu [de *j*, dire :] *Ce n'est pas j* du *jaguar*, mais *g* de la *girafe*, qu'on verra plus tard. De même pour les mots en *au*, et en *o* (*au de c[hameau],* [o] *de l'homme*). Importante remarque pour l'orthographe.

La Lecture Intelligente

PREMIER LIVRET

Écriture, Langage, Devinettes, Jeux, Indications de Chants et d'Historiettes
se rapportant aux différentes séries

1re SÉRIE. — Écriture. — Grâce au « Dessin préparatoire à l'écriture » on peut aborder sans crainte, dès la 1re série, l'enseignement de l'écriture.
La leçon proprement dite doit toujours être précédée du dessin de la lettre avec aiguillettes de pin, laine, confetti, etc. Le maître peut dessiner des lettres sur fort papier, les enfants en marquent le contour avec des confetti. Les lettres mobiles seront, avec profit, employées à ce dessin de la lettre avec les confetti, *i*, *o*. Remarquer leur forme : *i*, ligne qui descend et tourne ; ne pas oublier sa casquette (son point) ; *o*, faire un *i*, en arrondissant la ligne, fermer le cercle. Écrire sur l'indication du maître. Écriture de mémoire, ou orthographe.

Langage. — En réalité, toutes nos leçons de lecture sont de véritables exercices de langage, d'une haute portée pour la culture générale. Comme on n'en saurait trop faire, puisqu'ils récréent et instruisent, nous en indiquons quelques-uns qui pourront en suggérer de meilleurs.

Devinettes. — *o*, ils sont en bois, je les chausse quand il pleut : sabots ; *i*, elle est rouge et ronde, j'aime à la manger sur l'arbre : cerise.

Jeu. — Les bêtes en *i*, imité de pigeon vole. (Ne lever la main qu'au nom des bêtes en *i* : pie, perdrix, souris, fourmi, etc.). Les bêtes en *o* : morue, coq, homard, cochon, rossignol, sole.

Historiettes (indication d'historiettes). — Le petit Poucet (bottes de l'ogre). La pie voleuse (d'après l'histoire naturelle). Passepartout (2e livret).

Chant (indication de chants). — Le chant est très aimé de l'enfant : il est pour lui un véritable besoin. Nous savons combien plus vite il retient les chants que les morceaux de prose et de vers. Bien plus, comme les primitifs, il aime à rendre par le chant une forte impression. Il y a des écoles où certain air, inventé par les enfants, est de vogue. Les petits y adaptent diverses paroles, suivant les circonstances émouvantes de la vie écolière. Ainsi en une école maternelle, on chante sur un air monotone, vingt fois, trente fois de suite : Un ballon dirigeable... Ya un train sous l'tunnel ! C'est maman de l'école ! Ya un chien !... Les marches, mélodies, berceuses, rondes, apprises aux leçons spéciales, permettent de donner au chant son caractère éminemment éducatif ; de plus, le chant agrémente la leçon de lecture, repose l'attention ou la stimule, fixe les sons, rattache à la réalité l'enseignement. Ex. Do, ré, mi, la petite pie (mi, mi, mi), mi, fa, sol, elle s'envole (sol, sol, sol), fa, mi, ré, dans les prés (ré, ré, ré), mi, ré, do, vole sur l'eau (do, do, do). Il était un petit homme tout habillé de gris, carabi, etc. Ma mère m'a donné un mari, mon Dieu ! quel homme ! quel petit homme ! etc. J'ai des pommes à vendre, des rouges et des blanches ! etc.

2e SÉRIE. — Écriture. — Faire deux *i* sans casquette (point), les placer côte à côte, comparer *i* et *u*, puis *o* et *a* ; *a* est formé de *o* et *i* sans casquette (Dessin des lettres avec confetti, cailloux, bâtonnets, etc.).

Langage. — Les animaux domestiques. Les insectes nuisibles. Les instruments de musique. Les fruits du jardin.

Devinettes. — Mlle Lili ne veut manger que des choses en *i*, que lui donnerez-vous ? gigot, frites, biscuits, mie de pain, sirop, etc. Le déjeuner en *a*, Papa et Maria demandent des aliments en *a* : pâté, haricot, salade, baba, café, etc. J'entends marcher les bêtes en *i* : pie, souris, etc. Jules marchand d'*u* : que vend-il ? Cubes, prunes, jujubes.

Historiettes. — Le chat botté. La tortue et les deux canards (d'après La Fontaine). Le mariage du chat et de la souris (2e livret).

Chants. — Ah ! il a des bottes, bottes, bottes, il a des bottes le chat botté (bis). — L'âne et le loup (Bouchor). — Madelon s'en va au moulin. — Une souris verte. — J'ai quatre prunes dans mon panier. — Rampe, rampe, rampe, la petite tortue rampe (air connu ou facile). Il était un petit chat, miaou, miaou, il était un petit chat, qui n'écoutait maman ni papa.

3e SÉRIE. — Écriture *e*, *é*. — Dessin avec confetti, laine, etc. Leur forme : sorte de nœud, *é* a un chapeau, parfois comme celui du gendarme : c'est le chapeau de dame écrevisse.

Langage. — Les bêtes qu'on rencontre dans les rivières. Les outils de la cuisinière. Les fleurs du jardin.

Devinettes. — Cadet va au jardin, il ne cueille que des fleurs en *é* ? pensée, réséda, giroflée, églantine, etc. — Ma boîte est vide, que pourra-t-on mettre dedans ?

Historiettes. — Le renard et les poissons. La chèvre et ses biquets (2e livret). Récits tirés de l'histoire naturelle sur les mœurs des écrevisses. Le renard et le bouc. Le renard et la cigogne (d'après La Fontaine).

Chants. — Ah ! qu'il est beau, qu'il est beau, qu'il est beau, le chapeau de dame écrevisse (bis). — Ah ! tu sortiras, Biquette, Biquette, ah ! tu sortiras, de ce trou-là ! — Pain d'épice, ma nourrice, mon enfant est en nourrice, à la queue d'une écrevisse, on lui donne du pain, du lait, vive le lait !

(Voir la suite au verso.)

..., très
... élèves sont
... au tableau noir, en quelques coups de craie, des colis qu'on peut demander; la
... On peut, ce qui vaut mieux, se servir d'images découpées dans les catalogues. Le
... des images. On y voit, par ex., la malle a, le pot o, la chèvre $é$, etc. Dialogue
... jour, chef, je viens chercher... ma chèvre $é$ (par ex.). — Montrez votre bulletin. L'en-
... votre colis (l'enfant montre un élève dont le tablier est marqué d'un $é$). — Voici ma

... La Fontaine). Les lunettes de ma grand'mère. — Chasse au tigre avec l'éléphant

... motifs suivants : Dévore, dévore, dévore, le méchant tigre dévore... Le lion est dans
... tonneaux, avez-vous des tonneaux à vendre. — Mimique : Imitation du train qui part.

... comme il est indiqué précédemment. Examen de la lettre : r formé d'une petite ligne
... bout, un i sans casquette. Écriture de $r i$, $r u$, $r o$, etc. Au début, ne pas faire assembler
... difficulté; écrire les voyelles à côté des consonnes en ne laissant entre les lettres que
... ro, etc.

... lapin, sanglier. Les meubles de la maison. Les différents jeux. Comment est faite

... je suis bonne à manger, surtout en sauce : $tomate$; li, on me remplit d'eau, d'huile;
... sans moi la voiture ne marcherait pas ($roae$).
... figure une chose dont le nom contient r. On commence par un nom quelconque
... Ex. : On peut choisir $hareng$ et dire : où veux-tu aller ? dans la mer (ou chez le
... Supposons un autre choix : une racine d'arbre. Les enfants écrivent ra avec les
... voudrait sortir du bois, qui viendra l'ôter ? (Le mot doit convenir et renfermer r.)
... Supposons qu'on dise $charrue$. L'élève qui a deviné vient remplacer la racine, il
... artisan. Le maître : La charrue veut sortir du champ, qui va la traîner ? (Le $jardinier$
... garde un outil en r : $arrosoir$ (ou $râteau$). L'arrosoir veut une plante à arroser : mar-
... un enfant pour la cueillir : $Léon$, $Rose$, $Marie$, etc.

... laitière et le pot au lait. Le renard et le bouc (d'après La Fontaine). Les rennes chez
... lanin et la souris rinotte (1er livret).
... trotte le lièvre agile (air : Ah, il a des bottes Bastien). Ronge, ronge, ronge, le rat
... dodo, Colin, mon petit frère, fais dodo, t'auras du lolo. Du lolo de la laitière, du lolo de

... sorte d'o ouvert avec une barre arrondie à droite, un nœud à gauche. Dessin de v des
... avec confetti, laine.
... écrit ces consonnes suivies des voyelles écrites à une distance de plus en plus
... onne et la voyelle séparément en conservant à chacune leur forme respective, expli-
... qu'il faut, pour cela, faire une grande barre à t ou à r, l, v. C'est comme une
... à u, o, a, i, e, $é$. Il sera donc facile d'obtenir ra, ru, vi, puis rou, voi, etc. Mots

... Différence entre ou du loup et oi de la mère l'oie, elle est vite saisie grâce à nos
... indiqués. Développer l'esprit d'observation. Faire remarquer que dans oi l'o
... rime n'est sue que si l'élève la distingue d'une semblable.

... Les fruits d'automne. Différentes sortes de voitures.

... ande, elle fait grandir : $soupe$; v, il court sur les rails : $vagon$; v, il souffle dans
... arbres et gonfle les voiles des bateaux : $vent$. Mme Kadedou a faim, elle ne mange
... ragoût, etc.; voi, blanc, léger, fragile, j'enveloppe la mariée: $voile$. Devinette
... mon jardin, qui va me les arracher (ra prononcé fortement). — Moi, dit Lili. Elle
... les apporte et écrit au tableau ra (Cours préparatoire de filles).

... la promenade des r). Grand trou. Petit bois. — Barabon, barabon, j'ouvre mon
... mettez-vous ? chou, tourte, mouton, soupe, boudin, etc. Barabois, barabois, j'ouvre
... seau, pois, poisson, noix, etc.

... sans lettres mobiles). Bêtes méchantes : loup, tigre, renard, vipère. Bonnes bêtes,
... des bêtes mobiles ou les tableaux représentant ces bêtes. Écrire au tableau les
... ant les syllabes des noms des bonnes bêtes et de ceux des méchantes. Montrer
... bonne bête et se lèvent. Montrer vi, les élèves disent vi, vipère, méchante
... — Mimiques sans paroles pour faire deviner les actions. Gestes de laver, tirer,

... (d'après les oies du Capitole). Le loup et l'agneau. L'ours et les deux compa-
... Le loup et les petits cochons. Les trois ours (2e livret). Récits tirés de la
... de l'Ens. supér. 1909-1910).
... pendant que le loup n'y est pas, etc. Quand les oies s'en vont aux champs, la pre-
... (bis), as-tu vu la voiture au père Canut, elle est belle, la voiture (bis), elle est
... qui a mis ses blancs souliers. Le mariage de l'alouette et du pinson (Revue
... Montons en vélo, vélo, en vélocipède.

(*Voir la suite à la 3e page de la couverture.*)

SÉRIE 1 — *Alphabet* : pie *i*, homme *o* PAGE 1
LOTO : JEU

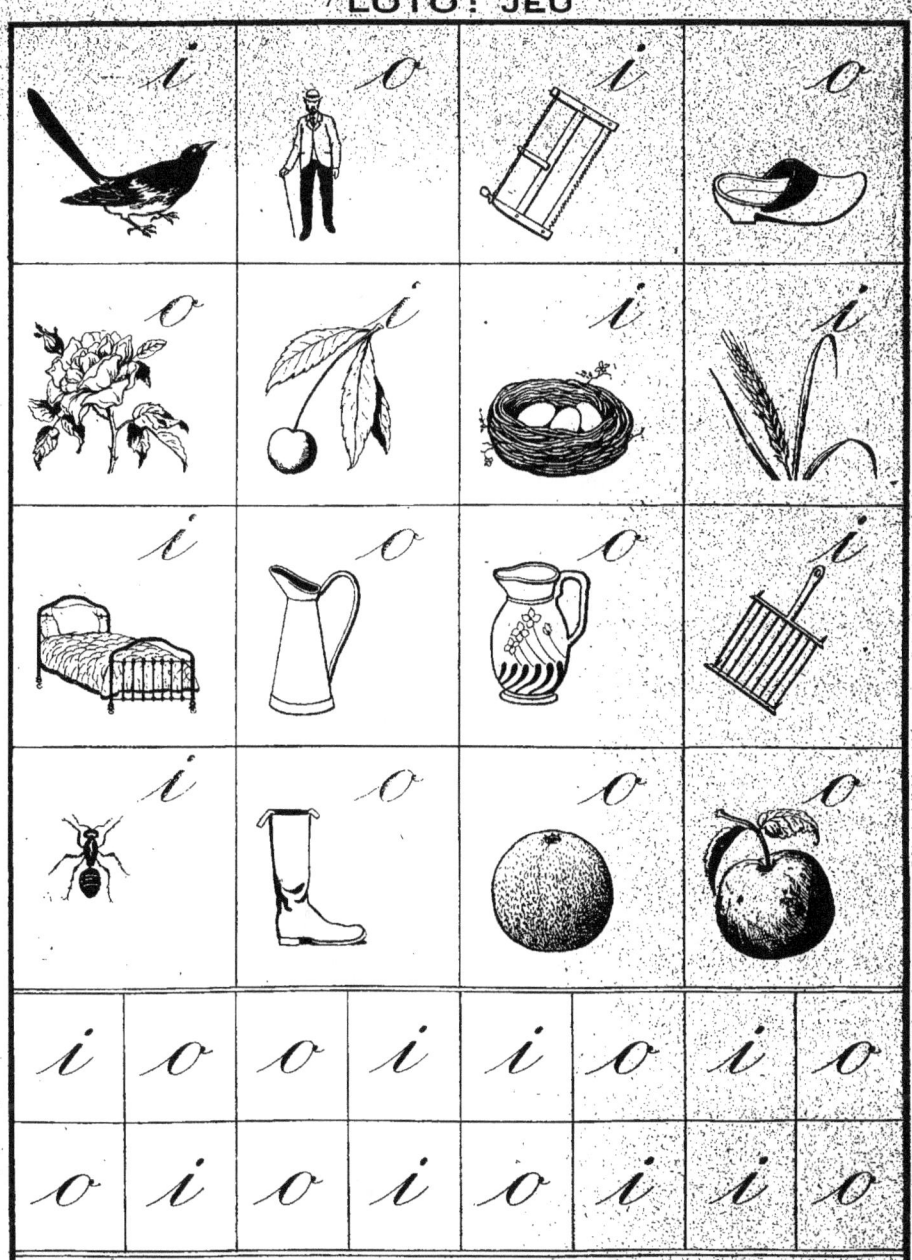

Nomenclature : pie i, homme o, scie i, sabot o — rose o, cerise i, nid i, épi i — lit i, broc o, pot o, gril i — fourmi i, botte o, orange o, pomme o.

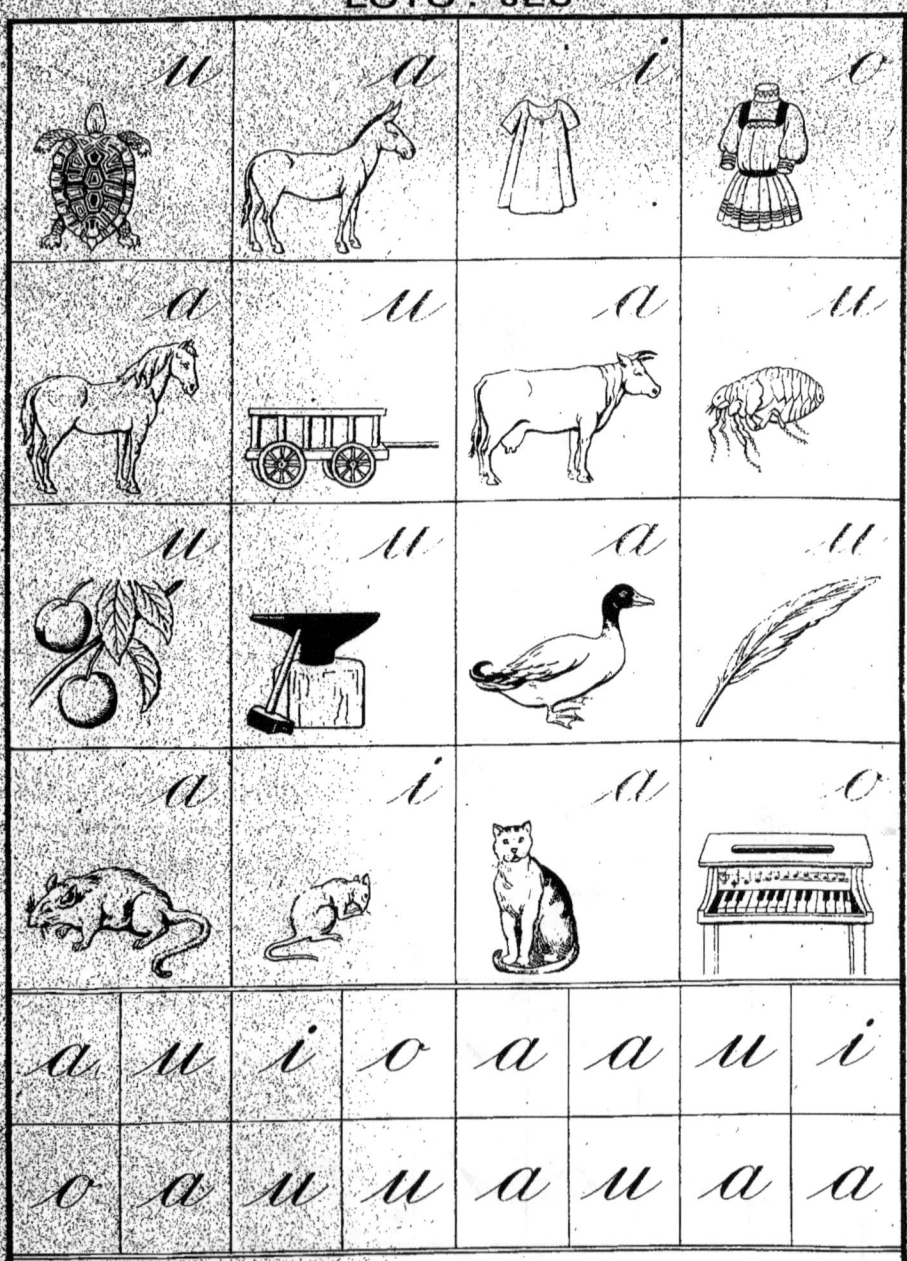

SÉRIE 2 — *Alphabet* : tortue *u*, âne *a* — PAGE 2
LOTO : JEU

Nomenclature : tortue u, âne a, chemise i, robe o — cheval a, voiture u, vache a, puce u — prune u, enclume u, cane a, plume u — rat a, souris i, chat a, piano o.

SÉRIE 3 — *Alphabet* : renard **e**, écrevisse **é**   PAGE 5
LOTO : JEU

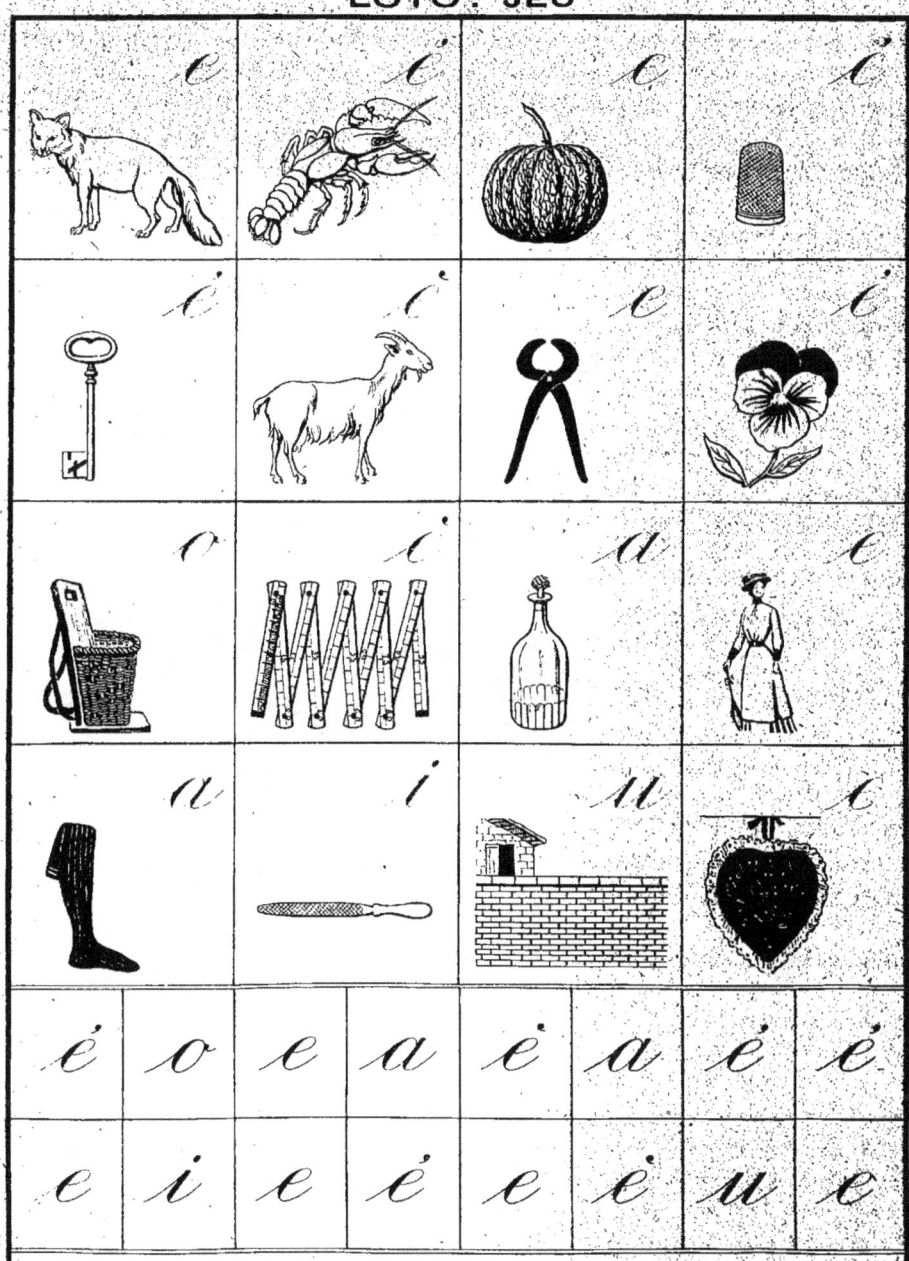

Nomenclature : renard e, écrevisse é, melon e, dé é — clé é, chèvre é, tenaille e, pensée é — botte o, mètre e, carafe a, demoiselle e — bas a, lime i, mur u, pelote e.

Série 4 — tigre *t*, lion *l* PAGE 4

LOTO : JEU

Nomenclature : tigre t, lion l, renard e, écrevisse é — pie i, homme o, âne a, tortue u — trompette t, locomotive l, tender t, train t — tunnel t, lampe l, tambour t, lanterne l

SÉRIE 4 *(Suite)*   LOTO : JEU   PAGE 5

	t		l	te	la	o to
	t		*l*	*te*	*la*	a ta
						e te
						é té
	ta		la	li	tê	i ti
	ta		*la*	*li*	*tê*	
						u tu
						o to
	te		le	lé	ta	a ta
	te		*le*	*lé*	*ta*	e te
						é té
	tê		lé	ti	lu	o lo
	tê		*lé*	*ti*	*lu*	a la
						e le
						é lé
	ti		li	la	lo	i li
	ti		*li*	*la*	*lo*	
						u lu
						o lo
	tu		lu	ta	tu	a la
	tu		*lu*	*ta*	*tu*	e le
						i li
	to		lo	to	le	lo to
	to		*lo*	*to*	*le*	tê te

Nomenclature : tigre **t**, table **ta**, tenaille **te**, tête **tê**, tiroir **ti**, tunnel **tu**, tonneau **to** — lion **l**, lapin **la**, levrette **le**, lézard **lé**, limace **li**, lunette **lu**, locomotive **lo**.

Série 5 — Alphabet : rat **r**, lièvre **i.è**   Page 6
LOTO : JEU

r	i.è	i.a	i.o
r	i.o	i.è	r
u.i	to	r	li
ta	r	u.i	lu

i.è	r	i.o	i.a	r	u.i	r	i.o
r	to	r	lu	i.è	ta	u.i	li

Nomenclature : rat r, lièvre i.è, viaduc i.a, pioche i.o — roue r, brioche i.o, laitière i.è, renne r — puits u.i, tomate to, rampe r, litre li — tapis ta, rateau r, tuile u.i, lune lu.

SÉRIE 6 — *Alphabet :* vache **V**, loup **OU**, mère l'oie **OI** PAGE 7
LOTO : JEU

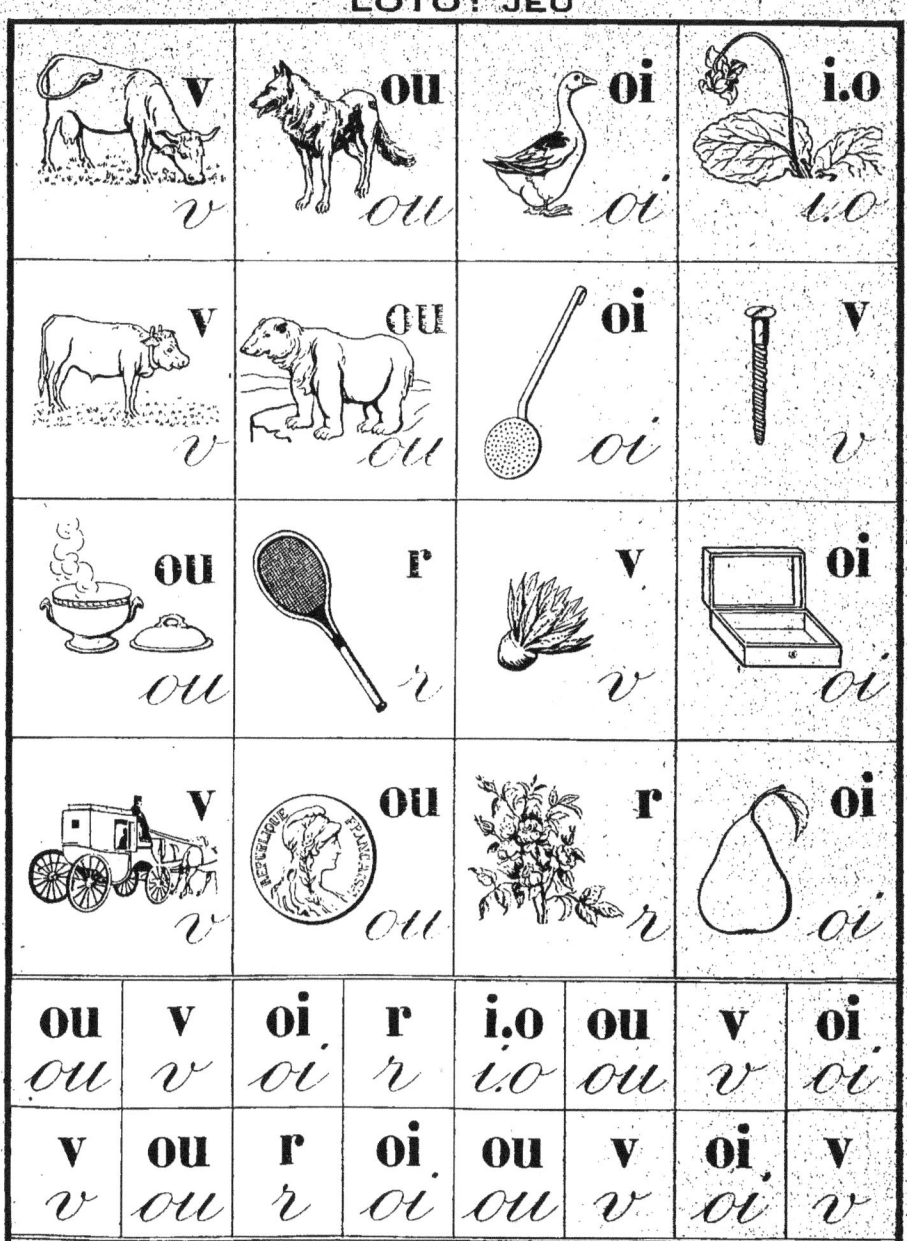

Nomenclature : vache **v**, loup **ou**, mère l'oie **oi**, violette **i.o** — veau **v**, ours (blanc) **ou**, écumoire **oi**, vis **v** — soupière **ou**, raquette **r**, volant **v**, boîte **oi** — voiture **v**, sou **ou**, rosier **r**, poire **oi**.

Série 6 *(Suite)* — LOTO : JEU

r / r	v / v	ri / ri	ro / ro	a ra e re u ru é ré o ro i ri
ru / ru	vu / vu	ru / ru	vu / vu	a ra e re u ru é ré o ro i ri
ro / ro	vo / vo	va / va	re / re	
ri / ri	vi / vi	ve / ve	ra / ra	a va o vo é vé i vi u vu
ra / ra	va / va	ré / ré	vi / vi	
re / re	ve / ve	vo / vo	vé / vé	a va o vo é vé i vi u vu
ré / ré	vé / vé	ou / ou	oi / oi	vé lo ra ve

Nomenclature : rat **r**, ruche **ru**, rose **ro**, rideau **ri**, râteau **ra**, requin **re**, réveil **ré** — vache **v**, longue-vue **vu**, volcan **vo**, vigne **vi**, wagon **va**, velours **ve**, vélo **vé**.

1. — la rave, valère a lavé la rave, lili
2. — la rôtie; le rata, toto a avalé le rata.
3. — l'olive, léo lave l'olive; le rôti, tata a retiré le rôti.
4. — la rave, valère a rôti la rave; tata a avalé l'olive.
5. — toto ou tata, lili ou léa, riri ou ali, valère ou lulu.

6. — lave, éva lave; rue, luro a rué; retire,
7. — léo a retiré la ratière; rêve, oréli rêve,
8. — tâte, léa tâte la tirelire; lève, lili lève la tête, tire,
9. — valère a tiré luro; vole, l'aéro a volé; tâte ou avale;
10. — lave ou tire; tâte ou lève; retire ou relève; relave.

Série 6 (Suite)   PAGE 10

LOTO : JEU

rou	tou	lou	vou
rou	*tou*	*lou*	*vou*
roi	toi	loi	voi
roi	*toi*	*loi*	*voi*
ri.é	ti.è	li.o	vi.o
rié	*tiè*	*lio*	*vio*
ri.a	tu.i	lu.i	vi.a
ria	*tui*	*lui*	*via*

tou	lou	roi	ri.é	li.o	vou	ri.a	loi
tou	*lou*	*roi*	*rié*	*lio*	*vou*	*ria*	*loi*
vi.o	ti.é	rou	vi.a	toi	tu.i	voi	lui
vio	*tié*	*rou*	*via*	*toi*	*tui*	*voi*	*lui*

Nomenclature : rouleau **rou**, tour **tou**, louve **lou**, voûte **vou** — roi **roi**, étoile **toi**, loir **loi**, voiture **voi** — mariée **ri.é**, ratière **ti.è**, lionne **li.o**, violon **vi.o** — mariage **ri.a**, étui **tu.i**, ver luisant **lu.i**, viaduc **vi.a**.

1. — ou, rou; ou, tou, ou, vou; oi roi, oi, loi, oi voi.
2. — ou, tou. ou, vou. ou, rou. ou, lou. oi, toi. oi, voi. oi, roi.
3. — la route, la rivière, le rû va à la rivière.
4. — la rive, la toiture, la tuile, valère retire la tuile.
5. — la rue, l'étoile, voilà l'étoile, la voûte, lavé la voûte.

6. — e, te, tte, i, ti, tti; a, ré, rré; i, ri, rri; u, lu, llu
7. — valère roule le vélo, le vélo a été lavé
8. — éloi a attelé luro à la voiture, la voiture roule, va
9. — vite, luro. luro arrive à la ville; luro avale la rave.
10. — l'aéro vole, vole vite; l'étoile a lui; la voûte lavée.

SÉRIE 7 — *Alphabet* : nègre **n**, mouche **m**   PAGE 12

LOTO : JEU

n / *n*	m / *m*	m / *m*	n / *n*
m / *m*	n / *n*	voi / *voi*	m / *m*
m / *m*	tu / *tu*	re / *re*	n / *n*
n / *n*	lou / *lou*	i.a / *i.a*	n / *n*

m / *m*	n / *n*	n / *n*	m / *m*	voi / *voi*	m / *m*	m / *m*	n / *n*
tu / *tu*	m / *m*	n / *n*	i.a / *i.a*	n / *n*	lou / *lou*	n / *n*	re / *re*

Nomenclature : nègre n, mouche m, maison m, nœud n — mer m, navire n, voilier voi, morue m — moule m, tuyau tu, requin re, nasse n — niche n, loutre lou, piano i.a, navet n.

SÉRIE 7 *(Suite)*   **LOTO : JEU**   PAGE 13

	ne *ne*	me *me*	ni *ni*	me *me*	i ni u nu a na ou nou
	ni *ni*	mi *mi*	mi *mi*	né *né*	oi noi ——— e ne
	né *né*	mè *mè*	no *no*	mé *mé*	é né o no oi noi ou nou
	no *no*	mo *mo*	mo *mo*	nu *nu*	——— i mi u mu a ma
	nu *nu*	mu *mu*	mou *mou*	noi *noi*	ou mou oi moi ——— e me
	nu.a *nu.a*	mou *mou*	mu *mu*	moi *moi*	é mé o mo oi moi ou mou
	noi *noi*	moi *moi*	nu.a *nu.a*	ne *ne*	——— ou vou oi loi

Nomenclature : lune **ne**, nid **ni**, négresse **né**, noce **no**, numéro **nu**, nuage **nu.a**, noix **noi** — melon **me**, fourmi **mi**, mère **mé**, morse et mer de glace **mo**, musique **mu**, moulin à vent **mou**, chamois **moi**.

1. — une tine, éloi roule la tine; une mare.
2. — rémi mène la mule à la mare; la rame.
3. — léo a ramé; le moule, ma mère, voilà le moule lavé.
4. — la voûte aérée; l'étui; une roue noire; une alène;
5. — la moule; la voile; le navire; la matelote; la mâture.

6. — la, la, la, mi, la, ré, ré, la, la, voilà la mariée.
7. — anita relève le voile, le voile à la mariée.
8. — rené, rémi, éloi, loulou, maria, éléna, anatole, léo.
9. — nounoute, toto, tata, léone, mélanie arrivent vite.
10. — la mule, une louve, le matou, l'oie, la morue, l'âne.

Série 8 — *Alphabet* : cheval **al**, furet **et**   Page 15
LOTO : JEU

Nomenclature : lama **la**, locomotive **lo**, lune **lu**, livre **li**, lézard **lé**, levrette **le** — cheval **al**, bol **ol**, mule **ul**, fil **il**, pelle **el**, échelle **el** — tonneau **to**, tulipe **tu**, table **ta**, tiroir **ti**, télégraphe **té**, tenaille **te** — botte **ot**, hutte **ut**, natte **at**, marmite **it**, lettre **et**, furet **et**.

Série 8. (Suite) — Alphabet : sanglier *er*, ver *e.r*   PAGE 16
LOTO : JEU

	re *re*	er *er*	ramer *ramer*	a la
				a al
				o ol
				i il
	ré *ré*	e.r *e.r*	merle *merle*	e el
				—
				u tu
				u ut
	ro *ro*	or *or*	tor *tor*	o ot
				a at
				e et
				—
	ri *ri*	ir *ir*	mir *mir*	o ro
				o or
				ou our
				a ar
	ru *ru*	ur *ur*	mur *mur*	u ur
				—
				e re
				e er
	ra *ra*	ar *ar*	our *our*	e e.r
				a ar
				i ir
ar *ar*	ur *ur*	ri *ri*	ir *ir*	e.r *e.r*	er *er*	ut lut
						il vil
						il mil
merle *merle*	mir *mir*	tor *tor*	ramer *ramer*	mur *mur*	ou.r	ol mol
						or mor

Nomenclature : renard **re**, réveil **ré**; robinet **ro**, marguerite **ri**, ruche **ru**, radeau **ra** — sanglier **er**, ver **er**, porte **or**, iris **ir**, petit mur **ur**, armoire **ar** — ramer **ramer**, merle **merle**, tortue **tor**, mirliton **mir**, mur haut **mur**, four **our**.

1. — allume; illumine la ville; orne; attire.
2. — une mer; le ver; le mer le terrer; limer
3. — lutter, tenir, e.r rer, tou.r ner, voler, ir ri ter, re le ver.
4. — il ir ri te le ve.r et l'a lou ette; il vo le et il ar rê te.
5. — elle allume l'allumette; tou.r ne la malle, le mur noi.r;
6. — mille tartes; une motte, une urne, une morte, le tir.

7. — ir ma a u ne tar ti ne mi el lé e, le ma tou mi net
8. — ar ri ve vi te à elle, et ro ro et ro ro, il ti re ir ma
9. — et il vo le la tar ti ne mi el lée, ou i il l'a vo lée
10. — la tartine toute miellée, le matou minet vole irma.
11. — elle arrête; elle va venir; elle a volé; elle lutte et il vole;
12. — il attire et il irrite; elle a nourri minet; orne la natte.

Alphabet : serpent **s**, jaguar **j**, M. Guignol est **est**, Mlle des blés **es** — PAGE 18
SÉRIE 9 — LOTO : JEU

s	j	est	es
s	*j*	*est*	*es*
j	**s**	**et**	**ier**
j	*s*	*et*	*ier*
er	**e.r**	**tu es**	**il est**
er	*e.r*	*tu es*	*il est*
j	**s**	**il est**	**et**
j	*s*	*il est*	*et*

j	s	est	et	es	j	e.r	er
j	*s*	*est*	*et*	*es*	*j*	*e.r*	*er*
s	est	j	es	s	est	et	es
s	*est*	*j*	*es*	*s*	*est*	*et*	*es*

Nomenclature : serpent **s**, jaguar **j**, M. Guignol est **est**, Mlle des blés **es** — jambon **j**, sauterelle **s**, furet **et**, pompier **ier** — sanglier **er**, ver **er**, tu es propre **tu es**, le charretier est brutal **il est** — jacinthe **j**, singe **s**, il est complaisant **il est**, filet **et**.

SÉRIE 9 *(Suite)* PAGE 19

LOTO : JEU

	ja / *ja*	so / *so*	os / *os*	a ja o jo u ju i ji oi joi
	jo / *jo*	si / *si*	is / *is*	*ou jou* *e je* *è jè* *et jet* *oi joi*
	ju / *ju*	sa / *sa*	as / *as*	a sa o so es ses i si et set
	je / *je*	sé / *sé*	es / *es*	*u su* *é sé* *est sest* *el sel* *or sor*
	jou / *jou*	sou / *sou*	ous / *ous*	et met e.r ve.r er ler

so / *so*	os / *os*	jo / *jo*	sa / *sa*	sou / *sou*	ju / *ju*	es / *es*	ous / *ous*	est n'est
si / *si*	as / *as*	ja / *ja*	is / *is*	jou / *jou*	ous / *ous*	sé / *sé*	je / *je*	il mil

Nomenclature : jardinier **ja**, jockey **jo**, jumelles **ju**, jetée **je**, journal **jou** — sonnette **so**, sifflet **si**, sarigue **sa**, sécateur **sé**, soulier **sou** — os **os**, pelisse **is**, assiette **as**, Mademoiselle des blés **es**, housse **ous**.

1. — soutire; tisse la jupe; ratisse une allée;
2. — attelle l'âne; loue une villa; attire;
3. — va jouer; se.rrer; venir; semer; essuie une tasse, léa.
4. — la se.rviette est sale. le ve.rre est joli. la salière.
5. — le sou et la sonnette. le silo et le lis. une jetée jolie.
6. — le soulier à juliette. la vis et le ve.rrou. les jouets.

7. — mère l'oie s'est salie, mère l'oie va à la mare verte
8. — elle se nettoie, lave toi mère l'oie et tu seras jolie
9. — les oisonnes se nettoient vite, le jars s'est lavé à la
10. — mare v.erte, il est joli; les oisonnes s'essuient sur
11. — la mélisse v.erte, mère l'oie voit les mûriers et les
12. — mûres noires, mère l'oie se réjouit; voilà le jars!

SÉRIE 10 — *Alphabet* : bœuf *b*, dindon *d*   PAGE 21
LOTO : JEU

b	d	au	eu
b	*d*	*au*	*eu*
d	b	o	e
d	*b*	*o*	*e*
au	eu	ou	d
au	*eu*	*ou*	*d*
eu	b	eau	oir
eu	*b*	*eau*	*oir*

d	eu	b	au	d	b	e	eu
d	*eu*	*b*	*au*	*d*	*b*	*e*	*eu*
o	au	ou	d	oir	eau	b	eu
o	*au*	*ou*	*d*	*oir*	*eau*	*b*	*eu*

Nomenclature : bœuf b, dindon d, chameau au, aveugle eu — dé d, baignoire b, homme o, renard e — rateau au, feu eu, chou ou, dent d — œuf eu, balance b, seau eau, lavoir oir.

Série 10 (Suite) — LOTO : JEU

ba *ba*	**do** *do*	a ba o bo i bi ou bou oi boi	le joli bébé il a vu le bol la bière mou.sse une sau te rel le la bê te jau ne
bê *bê*	**dé** *dé*	è bé au bau eau beau et l'et al bal	l'énorme boa le beau baba du beurre jaune le joli veau le baudet noir
bu *bu*	**du** *du*	u du es des eu deu au dau eau deau	les bal les jau nes le seau d'eau le dé et le lo to le beau do mi no ta ta a du bo bo
bi *bi*	**di** *di*		
boi *boi*	**doi** *doi*	et det oi doi e de es des el d'el	le beau bureau leu est joli eu la lie boit il a du bo bo le beau jeu
bou *bou*	**deu** *deu* (2)	ir nir est s'est au jau ié rié ol mol	la bel le di net te la da me est bel le le bé ret de de nis une bar be do rée at tel le le bau det

bê *bê*	do *do*	ba *ba*	du *du*	di *di*	bu *bu*
bi *bi*	doi *doi*	boi *boi*	deu *deu*	bou *bou*	dé *dé*

Nomenclature : bateau **ba**, bêche **bê**, bureau **bu**, biche **bi**, boîte **boi**, bouton **bou** — domino **do**, défenses d'éléphant **dé**, dune **du**, divan **di**, doigts **doi**, deux **deu**.

1. — désirée, simone, et leu voient des bêtes, voilà une
2. — belette jaune, une dorade dorée, une verte sauterelle,
3. — juliette a vu une libellule, voilà des bêtes veni-
4. — meuses : le boa est énorme, la vipère est petite;
5. — voilà la mouette, elle est jolie; la moule est noire;
6. — les morues nous arrivent toutes salées de la mer.

7. — ui ui ui ui, le moineau bijou, vole, vole, vole vite,
8. — aurélie lui dit : bijou joli, bijou, beau bijou ami.
9. — et sur l'allée elle lui émiette de la bonne mie.
10. — bijou arrive vers sa bonne amie, aurélie, il lui
11. — dit : tiui, ui, tiui, tiui, et il avale toute la mie.
12. — alors bijou vole sur la toiture, adieu beau bijou.

SÉRIE 11. — *Alphabet* : poule **p**, coq **q**   PAGE 24
LOTO : JEU

p	q	in	un
p	*q*	*in*	*un*
b	**d**	**p**	**q**
b	*d*	*p*	*q*
in	**q**	**p**	**d**
in	*q*	*p*	*d*
j.un	**in**	**p**	**un**
j.un	*in*	*p*	*un*

in	q	p	d	b	p	q	un
in	*q*	*p*	*d*	*b*	*p*	*q*	*un*
un	**p**	**q**	**un**	**d**	**in**	**p**	**in**
un	*p*	*q*	*un*	*d*	*in*	*p*	*in*

Nomenclature : poule **p**, coq **q**, lapin **in**, ours brun **un** — bœuf **b**, dindon **d**, pâtissier et pâté **p**, quenelles du pâté **q** — litre de vin **in**, boutique **q**, pavé **p**, rideau **d** — jungle **un**, moulin (à eau) **in**, papillon **p**, un **un**.

SÉRIE 11 (Suite)   PAGE 25
LOTO : JEU

	pa / pa		qui / qui	a pa	un pa vé
				o po	une pi que
				i pi	la quê te
				in pin	un lo quet
	pi / pi		qua / qua	ou pou	un seau
				é pé	un beau boudin
				eu peu	un bout de pain
	pin / pin		quê / quê	au pau	de la pu rée
				eau peau	des pe tits pois
				as pas	de la pa na de
	pou / pou		que / que	i qui	la do ra de
				e que	le beu.r re noi.r
				et quet	un bol de biè re
				un qu'un	des que nel les
	pi eu / pi eu		quet / quet	oi quoi	un jo li pâ té
				a qua	un beau lapin
				ê quê	là ne mar tin
	pau / pau		queue / queue	est qu'est	il re mue la queue
				au qu'au	le tou tou ri quet
				ou qu'ou	un poussin
pi / pi	qua / qua	pa / pa	quet / quet	qui / qui	què / què	un lun	des bel les meules
						un jun	un joli mou lin
						in tin	un petit po teau
pin / pin	pou / pou	queue / queue	pau / pau	que / que	pi eu / pi eu	in rin	la por te est là
						in sin	un lou.rd pa quet

Nomenclature : panier **pa**, pie **pi**, épingle **pin**, poulet **pou**, pieu **pi eu**, épaule **pau** — quilles **qui**, quatre **qua**, quête **quê**, quenouille **que**, bouquet **quet**, queue **queue**.

1. — le rat lunin est assis sur une savate, la
2. — petite souris rinotte joue sur une
3. — malle, ils jeunent, le débarras n'a
4. — ni lard ni bois.

5. — le rat lu nin se lève, il sau te sur le toit, puis sur un
6. — po teau. la sou ris ri not te sau te au.s si ; les voi là ar-
7. — ri vés sur la rou te puis au mou lin.

8. — la re mi se du mou lin est ou ve.r te. lu nin et ri not te
9. — voi ent un ba quet, un seau d'eau, puis un beau pa nier
10. — de pois, des ra ves, des to ma tes moi sies ; pe.r so nne
11. — n'est là, vi te le rat lu nin et la sou ris ri notte se ras sa sient

petit poulet

12. — petit poulet a peu.r peu.r, une bête é nor me dit
13. — ou a, ou a ou a, mère pou le lui dit : tou tou ri quet
14. — est une bonne bête, il ne pu nit que les pou ssins
15. — qui veu lent se sau ver, jo li pe tit re.ste vers moi

SÉRIE 12 — *Alphabet* : faisan **f**, enfant **en**, éléphant **an**   PAGE 27
LOTO : JEU

f	en	an	on
p	f	en	ou
an	ou	in	f
on	f	en	an

en	f	an	on	ou	f	on	en
in	ou	f	an	on	en	f	on

Nomenclature : faisan f, enfant en, éléphant an, mouton on — pont p, fouine f, encrier en, loup ou — ancre an, chaloupe ou, marin in, filet f — bidon on, farandole f, pendule en, banc an.

SÉRIE 12 *(Suite)*   PAGE 28

LOTO : JEU

fe *fe*	af *af*	u fu	de la fa ri ne fi ne
		o fo	la fu mée du feu
		on fon	un fou.r noi.r
fi *fi*	of *of*	ou fou	la pe ti te fen te
		an fan	un v.er à soie
		in fin	*il file, il tisse*
fe.r *fe.r*	fon *fon*	*a fa*	*la fête de fa nie*
		en fen	*la foire à melun*
		oi foi	*un baquet d'eau*
		et fet	*une foule vive*
feu *feu*	quin *quin*	o of	la fo rêt de pins
		i if	un pont en bois
		e ef	un pa ra pet jo li
		oi oif	les v.er ts sa pins
fau *fau*	dan *dan*	ou ouf	fir min a soi.f
		e que	*un bidon solide*
		an quan	*des fioles fines*
fou.r *four*	soi *soi*	*in quin*	*des banquettes*
		i qui	*les belles pendules*
		et quet	*les pâquerettes*

fi *fi*	of *of*	dan *dan*	fe *fe*	fer *fer*	quin *quin*
fau *fau*	af *af*	feu *feu*	soi *soi*	fon *fon*	four *four*

on pon	le fou.r et le feu
en den	les ifs et les sa pins
un lun	des jo lis mou lins
eu meu	les bons en fants
ot bot	des ju pons jau nes

Nomenclature : fenêtre **fe**, figue **fi**, fer **fer**, feuille **feu**, faulx **fau**, four **four** — affiche **af**, coffre à avoine **of**, fontaine **fon**, arlequin **quin**, danse **dan**, ver à soie **soi**.

1. — elle file la jolie filasse, il moissonne
2. — l'avoine, elle pèse de la fine farine.
3. — quêter, enlever, bêler, affiler, fe.rrer, bâtir, sauter.
4. — elle est dans sa villa, léon va bâtir un joli moulin.
5. — paulin va arroser le jardin. elle ferme sa porte.
6. — jane est partie à la foire. débarque leu et firmin.

7. — sur le pont d'avignon les enfants dansent en rond
8. — la farandole jolie au son du violon, ioulala la ioulala
9. — arlequin dans sa boutique, tique, tique, tique, tape
10. — la semelle d'une bottine. et pan pan pan et pan pan
11. — pan. entends-tu sa belle musique sique sique, la la la
12. — pan pan la la pan pan pan la la. danse la farandole!

1. — *l'ours ivan*
2. — rau, rau, rau, l'ours ivan sort de la tanière
3. — où il demeure, il faut déjeuner se dit-il,
4. — et le voilà dans le bois furetant partout.

5. — quel beau saule ! il renferme du miel du miel tout
6. — doré ; rau, rau, rau, ivan met son museau dans le
7. — miel, dans le beau miel tout doré !

8. — rau, rau, rau, qu'as-tu à te désoler ? ou.rs ivan ?
9. — où vas-tu si vite. tu te sauves ? je vois ! tu as été
10. — piqué à la tête ! tant pis pour toi.

et voilà tout est lu.
je suis savant et vous salue.

7ᵉ SÉRIE. — **Écriture.** — Dessin de n, m, avec confetti, aiguillettes de pin, etc. Observation des lettres : n a deux jambes comme le nègre ; m trois, autant que la mouche a de paires de pattes ; h, c'est u à l'envers ; u, est ouvert en bas, ressemble au pont, u est ouvert en haut.

Langage. — Races d'homme. Ce qu'on met dans le navire. Différents bateaux. Poissons de rivière, de mer connus. Actions en ou ; moudre, moucher. Fruits à écorce dure, à peau tendre. Comment on voyage. Choses qui servent à serrer des objets, malle, caisse, etc.

Devinettes. — lu j'allume le feu, allumette ; no, tra la la la, voilà ce qu'on entend quand on le touche, piano ; mu, remplissez-la, fermez-la bien et portez-la à la gare, nous partons en voyage, malle ; rou : tirez-le bien, qu'il ferme la porte, verrou ; ri : à la fenêtre, rideau ; ro : habille les dames, robes ; ra : fait marcher le bateau, rame.
Les bêtes en r : rat, renne, souris, renard, etc. ; en m : mouche, morue, maquereau, etc.

Jeu. — (Nègre et mouche avec les doigts ou les lettres mobiles). — Le maître : Qui a des cheveux laineux ? Les enfants lèvent deux doigts (deux jambes de n) ou la lettre n et disent : le nègre noir. Nègre noir, nègre noir, viens vite quand je t'appelle. Le maître montre le tableau du nègre, puis le cache disant : Nègre noir, nègre noir, fuis loin de moi. Les enfants répètent, baissent le doigt ou la lettre. Le maître : Qui a deux pieds pour courir ? (voir plus haut). Qui bourdonne autour des fleurs ? Les enfants lèvent trois doigts (trois paires d'ailes, trois jambes de m) disant : Mouche d'or, mouche d'or, viens vite quand je t'appelle. Montrer la mouche, puis la cacher comme plus haut. Chant approprié. Mimiques.

Historiettes. — Récits tirés de la « Case de l'Oncle Tom ». La cigale et la fourmi. Le coche et la mouche (d'après La Fontaine).

Chants. — Tout noir (ter), le bon nègre est tout noir (air connu). Bour (ter). Bourdonnez encore, jolie mouche aux belles ailes d'or (b's). Meunier tu dors. Il était un petit navire. Les petits bateaux. A la noce de mon cousin Bobosse. Mais qu'est-ce donc qui me touche et qui cause mon émoi ? C'est une petite mouche, qui bourdonne autour de moi ; petite mouche gentille, va rejoindre ta famille, et laisse-moi travailler (bis) (Extrait de la féerie : Les sept châteaux du diable).

8ᵉ SÉRIE. — **Écriture.** — al, ol, il, etc. Expliquer comment o et i se prolongent pour faire avec l : al, ol, il… De même ur, er, or, etc., le loto, la lune, la mule (remarquer l'u à chapeau de gendarme), le mur. Dessin, puis écriture des lettres. Orthographe. Nommer les mots formés par les syllabes. Ex. or, porte.

Généralités. — Une difficulté se présente pour l'étude de l'inversion : le double son de er. Il faut réserver pour la fin du 2ᵉ livret l'énoncé de la règle suivante : er, dans les petits mots et au commencement des grands se prononce erre, tandis qu'il se nomme é, à la fin des mots qui ont plusieurs « parties » (syllabes). A ce moment, l'habitude de la lecture courante fera comprendre cette règle. Jusque-là nous avons séparé par un point e et r lorsqu'ils se prononcent er. L'enfant, de plus, sait reconnaître la différence de son, puisqu'il y a er du sanglier et du ver.

Langage. — Les fleurs du jardin. Les meubles de la salle à manger. Les outils du forgeron. Ce qu'on apporte sur la table à l'heure du déjeuner.

Devinettes. — il, je le déroule, je le passe par le trou de l'aiguille : fil ; el, je la prends pour monter au grenier : échelle ; ou, je la mange avec ma viande, mais gare à mon nez si elle est trop forte : moutarde ; lu, comment allumer le feu si on n'avait ce petit bout de bois soufré : allumette ; voi, je la secoue dans la vannette et la donne à manger à mon cheval : avoine ; ma, je suis bourré de crin et de laine, une toile m'enveloppe, on est bien sur moi pour dormir : matelas.

Jeu. — A la foire. — Les marchands vendent toutes les choses indiquées aux pages 15 et 16. Les acheteurs demandent une bête ou un objet. Le marché est conclu si l'acheteur montre les lettres mobiles placées vers l'image (la monnaie), le maître découpe des images semblables dans des catalogues ou en polycopie. Le marchand remet l'image qui consèment est l'objet. A défaut, il tape dans la main de l'acheteur qui, l'imagination aidant, pense emporter l'objet désiré. Les élèves peuvent être les objets ; ils portent un carton muni des lettres exigées, cachées à l'œil. L'acheteur doit montrer les semblables, le carton est retourné, et « l'objet » lui est remis si la « monnaie » est bonne. Ce jeu amuse beaucoup les petits.

Historiettes. — Le vieux cheval et le juge. Les trois petits cochons (2ᵉ livret).

Chants. — A cheval sur mon dada. Au clair de la lune. Ma petite Marguerite, lève-toi (bis), la cloche t'appelle (bis), ding, din don, ding, din don, c'est le matin tin tin tin, réveille-toi (bis) (Air de frère Jacques). Il court, il court, le furet, le furet des bois, mesdames, il court, il court le furet, le furet des bois jolis ; il a passé par ici, il y passera encore ; il court (etc.). Où est la marguerite, au gué au gué, mesdames (etc.). Je suis la marguerite, oh gué, oh gué, la fleur blanche et petite, oh gué ; qui fleurit dans les prés.

9ᵉ SÉRIE. — **Écriture.** — Examen de s, et de j, leur forme, les deux courbes de s, la lettre j est formée d'une grande jambe, comme celle de n, qui se termine en bas par une boucle ; remarquer la casquette de j (son point) ; s et j, suivis de a, o, u, ou, etc. Mots qu'on peut écrire avec ces syllabes.

Langage. — Les serpents que l'on connaît. Actions que peut faire le singe. Les bêtes de la forêt. Ce qu'on voit chez la mercière. Poissons qu'on peut prendre dans le filet.

Devinettes. — ju, Marie trempe ton pain dedans : jus ; sou, je le lace et je pars à l'école : soulier ; ou, tête ronde, corps pointu, qui es-tu ? clou ; noi, je suis un fruit rond, plus petit que la noix, mon écorce est moins dure que la sienne, j'ai une bonne amande : noisette.

Jeu. — Le jardinier et la sauterelle. — Les lettres mobiles s et j sont données aux enfants. Dessins au tableau noir, jardinier j, sauterelle s. Le maître explique le jeu. Le jardinier travaille dans son jardin, il arrose ses légumes, quand il voit une sauterelle qui saute sur ses choux : « Ah ! dit-il, elle va tout me manger ! » Et le voilà qui court après. Suivons-le. Quand on parlera du jardinier on montrera j ; quand on parlera de la sauterelle, s.
Le jardinier (j) court à son carré de choux, il va saisir la sauterelle (s), mais la sauterelle (s) saute sur un arbre ; la sauterelle (s) court au groseillier, la sauterelle (s) saute dans le carré de fraises. Le jardinier (j) court après elle ; le jardinier (j) ramasse son chapeau. Pendant ce temps la sauterelle (s) se cache sous le berceau, la sauterelle (s) grignote un réséda, la sauterelle (s) mange l'écorce d'un lilas, la sauterelle (s) entend du bruit, c'est le jardinier (j) qui arrive, voilà le jardinier (j) qui touche au lilas ; la sauterelle (s) saute sur un rosier, le jardinier (j) la voit sauter, le jardinier (j) court après, le jardinier (j) ôte sa veste, car il a chaud, la sauterelle (s) s'essuie le front, la sauterelle (s) en profite pour retourner au carré de choux, la sauterelle (s) se cache sous une feuille. Le jardinier (j) fatigué entend sonner midi. C'est l'heure du déjeuner. Le jardinier (j) va manger la soupe avec sa femme et ses enfants.

Historiettes. — Mœurs de quelques serpents. Ravage des sauterelles en Algérie. Mœurs des singes (d'après l'histoire naturelle). Le villageois et le serpent (d'après La Fontaine). Les singes et le marchand de bonnets de coton.

Chants. — Siffle, siffle, siffle, siffle, le méchant serpent fort siffle (mimiques). Ah ! elle a des taches, taches, taches, elle a des taches la peau du jaguar (sur air connu). Il court le furet. Bon voyage, Monsieur Guignolet ! A Saint-Malo débarquer sans naufrage ! Bon voyage, Monsieur Guignolet ! Et restez-y si le pays vous plaît ! (En même temps faire tirer par un enfant la ficelle qui fait mouvoir les membres du pantin Guignolet.) (Alphabet : l'homme et les bêtes, voir procédé 5.) C'est Mademoiselle des blés, des blés, des blés, c'est Mademoiselle des blés tout dorés ! Dans mon chemin j'ai rencontré la belle Mademoiselle des blés (bis). Jamais je n'oublierai la belle Mademoiselle des blés (b's). As-tu vu les grimaces (bis), as-tu vu les grimaces du singe Jacquot, elles sont drôles les grimaces (bis), les grimaces du singe Jacquot. — Ronde du printemps (Barbe et Blais. Revue de l'Ens. super.).

10ᵉ SÉRIE. — **Écriture.** — Forme de b, d (anglaise et romain), tous deux formés de deux bâtons et d'un rond. Au b (romain) le bâton est le premier, c'est le contraire au d ; d est un a terminé par un grand bâton. Nombreux exercices pour faire reconnaître le b du d (caractères romains). Comparez au du chameau, o de l'homme ; e du renard, eu de l'aveugle. Dessin des lettres, puis écriture.

(Voir la suite à la page suivante.)

... (Cour.) Reconnaître le b du d. Le maître, c'est le fermier, les enfants sont les bœufs et les ... romains et en anglaise, sont épinglées aux vêtements. Bœufs et dindons courent ... attraper. Les bœufs ne doivent prendre que les dindons et les dindons que les bœufs. Chaque ... mes cornes. Chaque dindon réplique : Vous sentirez mon bec. Les dindons prisonniers ... (coin désigné), les bœufs à l'étable (autre coin). Sur un signe du fermier les prisonniers sont ...

... inséparables. Le chameau au désert. L'aveugle et le paralytique. Le singe qui montre la lanterne ...

... mes dindons (bis) quand ils font leur doux : Glou, glou, glou... J'aime bien mes grands bœufs (bis) ... meu, meu ! J'ai deux grands bœufs dans mon étable..., jusqu'à l'aiguillon en branche de houx. — ... plaît, et de donner chacun s'empresse... Ah ! donnez, donnez, s'il vous plaît, à l'aveugle de Bagnolet ... bosses, bosses, bosses, il a deux bosses le bon chameau !

Écriture. — Procéder comme pour b, d. Comparer p, q, b, d : tous quatre formés d'un bâton et d'un rond, b, ... bâtons en bas ; p, bâton avant le rond ; q, rond avant le bâton.
... Au tableau, troupes de b, d, p, q (romain et anglaise), en haut, en bas, à droite, à gauche du tableau, figu-... boas, arlequins, etc. ; b, d, p, q avec les voyelles. Mots formés par ces syllabes, pâté, quête, boudin, etc.

... le pâtissier. Au moulin. Ce qu'on peut mettre dans un panier. Animaux domestiques.

... elle pique, elle attache : *épingle* ; qui, longues, droites, elles sont debout, mais gare à ma boule : *quilles* ... couche, c'est ma fille : *poupée*.

... bêtes. — Revision de au, eu, on, oi. — Les syllabes au, eu, ou, oi sont écrites au tableau en gros caractères. ... Au-dessous sont accrochées les quatre bêtes en carton ou les tableaux les représentant : chameau, bœuf, ... avec les lettres mobiles, compose ces parties de mots, puis le maître dit une phrase s'appliquant à une des ... désert : chameau, eau. Il fait meu : bœuf, eu. Il ne voit pas clair le jour : hibou, ou. Il bondit sur les rochers : ... du chameau, l'enfant met les mains à l'épaule simulant la bosse et il dit : chameau, au. Un élève prend ... au sur le tableau. Au bœuf on fait les cornes et on dit : bœuf, eu. A hibou, on étend les bras comme pour ... remue les bras dans le geste de courir vite. Remarquer que dans bœuf il y a b et aussi eu.

... Le pinson et la pie. Le lapin et la sarcelle. La poule aux œufs d'or. Le coq et le renard. Le poulet imprudent.

... Une poule sur un mur, qui picotait du pain dur, etc. Coquerico, coquerico, le coq lance avec adresse son ... un ours brun, ça grogne, ça grogne, ah ! un ours brun, c'est souvent très malin. Les petits poissons passent, ... passent, les petits poissons passent, passent, sous le pont ; les gros, les petits, nagent, nagent, nagent, nagent, ... nagent bien aussi. Meunier, tu dors... Quand mon grand-papa lapin mourra, j'aurai sa grande culotte, quand ... mourra, j'aurai sa culotte de drap. J'aurai, j'aurai, sa veste et sa casquette, j'aurai, j'aurai, sa toilette com-... grand-papa lapin, etc.

Écriture. — Mêmes procédés qu'aux leçons précédentes. Observer f. Il est fait de deux l : un en haut, un en ... à l'envers. Préciser le point d'attache de la deuxième boucle, f avec les voyelles ; mots formés, fête, pure, etc.

... oiseaux des bois. Les bateaux que l'on connaît : navire, barque, canot, chaloupe, etc. — Femmes qui peuvent ... ménagère, blanchisseuse, boulangère, etc. Hommes : boucher, ouvrier, cultivateur, marin, etc.

... fon, je vais y remplir mon petit pot (*fontaine*) ; fi, elle attache le paquet (*ficelle*) ; man (signaler an de l'élé-... mon dos quand il fait froid (manteau) ; den, je la couds à ma robe (dentelle) ; eu, en omelette, à la coque, ... ils sont bons : œufs ; du, je suis faite en sable, si l'arbre ne me tient pas, je m'envole loin et je monte sur les ... venez tous dedans, je prendrai les rames et vous promènerai sur l'eau (bateau) ; quet, je l'offrirai à maman ... non, ils se tiennent au chaud sous les ailes de leur mère (poulets) ; pon, on la trouve dans la mer, on se lave ... baiser sur l'une, un baiser sur l'autre, voici ce que petit père m'a donné sur chacune (joue) ; lo, elle souffle, ... vite sur les rails (locomotive) ; fan, il ne veut ni dormir, ni manger sa soupe (enfant) ; four, le foin du pré sera ... (fourche).

... — Revision des voyelles composées on, in, un, oi, ié, au, an, en, eu. Chaque élève représente une bête : loup, ... lièvre, chameau, éléphant, hareng, couleuvre. Un carton posé sur son vêtement porte le nom d'une des ... Les bêtes sont dans la cour. Coup de sifflet, elles se poursuivent. Une bête féroce qui en prend une méchante ... indiqué). La bonne bête envoie les bonnes au pré et échange les méchantes contre une bonne prise par la ... ne peut en conduire une autre au pré ou à la fosse que si elle lit l'écriteau et le nom de la bête. Ex. lapin.

... Je vous présente mon corbillon, qu'y met-on ? Du bonbon, un mouton, etc. — *Jeu du moulin*. — J'ouvre ... n'entrent que des noms en in : lapin, marin, etc. Corbillon, Moulin, Petit Bois, Grand Trou. J'apporte mon ... mon moulin. Barabou j'ouvre mon grand trou. Barabois j'entre dans mon bois. — *Jeu des gros sous*. — Je ... sous, qu'achetez-vous en ou ?

... (Très aimé.) — Il fait beau, le soleil brille. Voulez-vous ? nous allons nous promener ? — Les enfants : Oui, oui. ... chapeaux (mimique). Qu'il fait bon ! Asseyons-nous sur l'herbe (mimique). Tiens ! cela sent les fraises ? Man-... etc. Maintenant nous allons dormir (mimique, long silence). On a assez dormi, réveillons-nous. Chant : ... réveille, ah ! réveille, réveille-toi ! Mais il y en a qui dorment encore ! Nous allons prendre un sifflet pour les ... du bruit du sifflet). Comment ? Le sifflet n'a pas réveillé tout le monde ! Allons chercher le tambour ? ... plus (mimique). Chant : Ah ! réveille, réveille, réveille, ah ! réveille, réveille-toi. Le tambour n'a pas ... je vais aller chercher la flûte (mimique et chant). Les enfants, bientôt, diront qu'un tel dort encore et ... le piston, le piano, l'orgue de barbarie, la mandoline, la grosse caisse ; ce jeu amuse extrêmement les ... plaisir.

... mariage de Pierrot-Guignol et de Colombine (2ᵉ livret). Le petit Poucet. Le petit chaperon rouge. Récits ... sur les mœurs des éléphants. Un éléphant bonne d'enfant.

... des plumes, plumes, plumes, il a des plumes le beau faisan ! Quand bébé voulut danser (bis), les ... (bis), la culotte à la mode, les souliers tout ronds, vous danserez, mignon. — Ah ! il a une trompe, ... trompe l'éléphant ! Ah ! un éléphant, sa trompe, sa trompe, ah ! un éléphant, il s'en sert bien souvent ... (voir la leçon de lecture). Un sentier de chez nous : Chants scolaires, par Cistac (*Bibliothèque ...*).

... montagne, il y a des moutons blancs, blancs, blancs, blancs et blancs et roses. Il y a des moutons ... blancs et roses et blancs (la peau rose du mouton jeune ou frais tondu). Ainsi font, font, font, les petites ... font, trois petits tours et puis s'en vont.

www.ingramcontent.com/pod-product-compliance
Lightning Source LLC
Chambersburg PA
CBHW060719050426
42451CB00010B/1527